BEI GRIN MACHT SICH IHR WISSEN BEZAHLT

Digitalisierung und ihr Einfluss auf die klassische Rolle der IT in Unternehmen

GRIN ☺

Bibliografische Information der Deutschen Nationalbibliothek:

Die Deutsche Nationalbibliothek verzeichnet diese Publikation in der Deutschen Nationalbibliografie; detaillierte bibliografische Daten sind im Internet über http://dnb.d-nb.de abrufbar.

ISBN: 9783346776709
Dieses Buch ist auch als E-Book erhältlich.

Druck und Bindung: Books on Demand GmbH, Norderstedt Germany
Gedruckt auf säurefreiem Papier aus verantwortungsvollen Quellen

Das vorliegende Werk wurde sorgfältig erarbeitet. Dennoch übernehmen Autoren und Verlag für die Richtigkeit von Angaben, Hinweisen, Links und Ratschlägen sowie eventuelle Druckfehler keine Haftung.

Das Buch bei GRIN: https://www.grin.com/document/1301728

Seminararbeit

Studiengang: M. Sc. Wirtschaftsinformatik (60 ECTS)

Industrie 4.0 –

Chance oder Risiko für die deutsche Wirtschaft?

Kurs:

Seminar Gesellschaftliche Herausforderungen der Digitalisierung

I. Inhaltsverzeichnis

II. Abbildungsverzeichnis

III. Abkürzungsverzeichnis

Bzw.   Beziehungsweise

Cloud (IT)   Rechenleistung in einer fiktiven Wolke (im Internet)

Disruptiv   Ein Gleichgewicht zerstörend

Engl.   Englisch

E-Mail   Electronic Mail (deutsch: elektronische Nachricht)

Insourcing   Verlagerung von Produktionskapazitäten in das Inland

IT   Informationstechnologie

PC   Personal Computer (deutsch: persönlicher Computer)

z. B.   Zum Beispiel

1. Einleitung

„In den nächsten 10 Jahren werden wir an einem Punkt sein, an dem nahezu alles digitalisiert wird." (2022, S. 1) – stellt Satya Nadella, der CEO von Microsoft fest. Zweifelsohne kann Industrie 4.0 als Paradigmenwechsel betrachtet werden (Geissbauer, 2020, S. 3).

Nach der Industrie 1.0, der Entwicklung der maschinellen Produktion, 2.0, der Einführung der Massenproduktion, 3.0, der Automatisierung durch Elektronik und Computer, beobachten wir nun den Wandel zur Industrie 4.0, der Digitalisierung im Zeitalter der digitalen Revolution (Frick et al., 2014, S. 1). Die Grenzen zwischen physischer Realität und digitaler Welt verschwimmen, Daten werden zu einer wertvollen Ressource, um Abläufe zu steuern und zu automatisieren (Kruppa, 2020, S. 1). Beispiele hierfür sind Augmented Reality in der Produktion, also der Anwendung von computergestützten Wahrnehmungserweiterungen, die es ermöglichen Animationen in das Sichtfeld des Mitarbeiters einzublenden, um Informationen integriert bereitzustellen, über automatisierte Produktions- und Beschaffungsprozesse hin zur einer vollständig vernetzten, intelligenten Fabrik. Industrie 4.0 lässt erahnen, dass sich vollständig neue Interpretationen unserer klassischen Produktionsprozesse und Geschäftsmodelle entwickeln werden und bereits haben, beispielsweise im Handel (Bauer, Schlund, Marrenbach et al. 2014, S. 20-24).

Im Zuge einer solch disruptiven, also zerstörerischen, im Sinne von umwälzend, einwirkenden, neuen Technologie, stellt sich die Frage der Wettbewerbsfähigkeit einzelner Unternehmen, Industrien oder ganzer Volkswirtschaften (Wischmann, Wangler, Botthof, 2015, S. 31). Was bedeutet der Wandel im Zuge der Industrie 4.0 für Deutschland?

Im Rahmen dieser wissenschaftlichen Ausarbeitung soll der Frage nachgegangen werden, welche Chancen und Risiken Industrie 4.0 für Deutschland mit sich bringt und wie damit umgegangen werden kann.
Hierzu betrachten wir zunächst die Aktualität der Fragestellung und grenzen den Betrachtungsumfang der Arbeit ab. Im Anschluss werden die Begrifflichkeiten eingeordnet und abgegrenzt, um im weiteren Verlauf die deutsche Wirtschaft kurz in einen globalen Kontext einzuordnen und die wesentlichen Industriebereiche von Industrie 4.0 zu erörtern. Dies dient als Grundlage für die sich anschließende Chancen- und Risikoanalyse und wird zum Abschluss dieser Arbeit mit einem Fazit der wesentlichen Erkenntnisse eingerahmt.

2. Aktualität der Fragestellung und Umfang der Arbeit

Die deutsche Wirtschaft zählt aktuell zu den leistungsfähigsten weltweit und reiht sich gegenwärtig auf dem vierten Platz hinter den Vereinigten Staaten, China und Japan ein:

Abb. 1: Die größten Volkswirtschaften der Welt

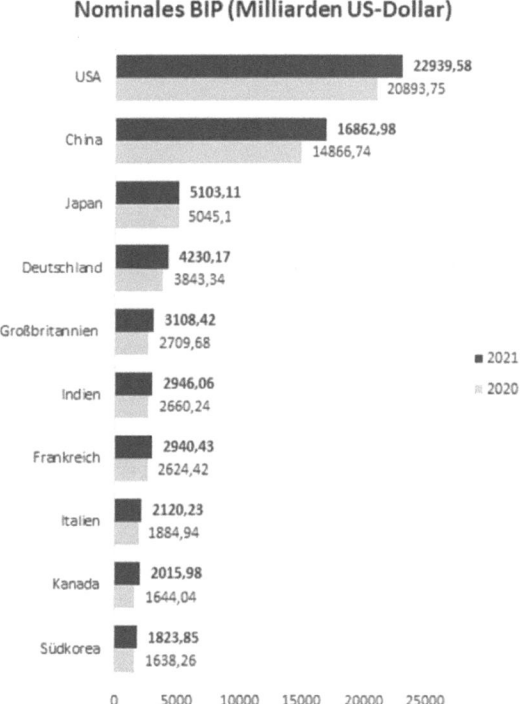

Quelle: Übernommen aus Beauchamp, 2022, S. 1.

Im Rahmen eine Begriffsabfrage am 31.08.2022 in der online Bibliothek der IU, Internationale Hochschule Bad Honnef, ergab die Sucheingabe „Industrie 4.0 Deutschland" über 22.000 Ergebnisse.

Laut einer aktuellen Befragung von Statista im Jahr 2022, dem deutschen Markt- und Meinungsforschungsinstitut, sind innerhalb der letzten drei Jahre alle Unternehmen zwischenzeitlich der Ansicht, dass Industrie 4.0 von individueller, unternehmerischer Relevanz ist. Dies ist insofern erstaunlich, als dass grundsätzlich viele Produkte nicht direkt der IT-Wertschöpfung zuzuordnen sind (Statista Research Department, 2022, S. 1):

Abb. 2: Relevanz von Industrie 4.0 für deutsche Unternehmen

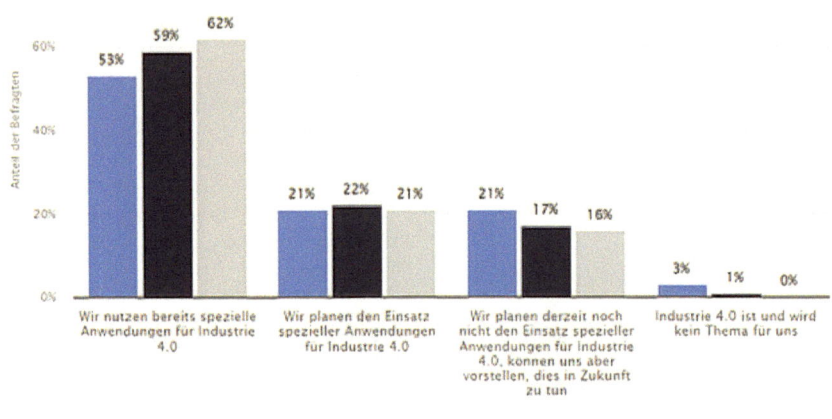

Quelle: Übernommen aus Statista Research Department, 2022, S. 1.

Im Rahmen einer Befragung des Beratungshauses McKinsey ist Deutschland im weltweiten Vergleich auf Platz zwei bei der Frage, welche der 40 größten Industrienationen den größten Fortschritt bei der Umsetzung von Industrie 4.0 verzeichnen (Wee, Breunig, Kelly, Mathis, 2016, S. 19).

Abb. 3: Digitalisierungsgrad Deutschlands im weltweiten Vergleich

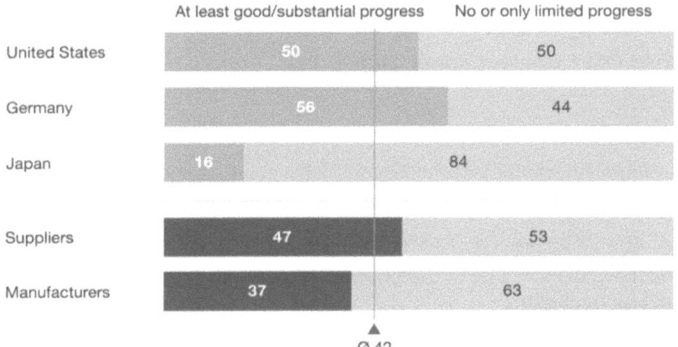

Progress companies made in past year in implementing Industry 4.0 applications/strategies overall

	At least good/substantial progress	No or only limited progress
United States	50	50
Germany	56	44
Japan	16	84
Suppliers	47	53
Manufacturers	37	63

Ø 42

ⁿn = 300 manufacturing experts in Germany, Japan, and the United States.

Quelle: Übernommen aus Wee, Breunig, Kelly, Mathis, 2016, S. 19.

In der Konsequenz kann konstituiert werden, dass die Industrie 4.0 für Deutschland wirtschaftlich relevant ist, aufgrund der marktverschiebenden Wirkung disruptives Potential besitzt und in Deutschland inzwischen über alle Industrien hinweg Beachtung erfährt (Wee, Breunig, Kelly, Mathis et al. 2016, S. 10-12).

Die formalen Vorgaben an diese Seminararbeit lassen keine volkswirtschaftlich umfassende Analyse und globale Einordnung der deutschen Wirtschaft zu, welche die industriellen Spezifika von Industrie 4.0 klarer definieren. Darüber hinaus sollen im Folgenden die treibenden Industriebereiche von Industrie 4.0 für Deutschland nur skizziert werden, um im Schwerpunkt sich mit den Chancen und Risiken von Industrie 4.0 zu befassen.

3. Begriffsdefinitionen

Im Folgenden sollen die wesentlichen Begriffe als weitere Grundlage dieser Arbeit vorgestellt und definiert werden.

3.1 Begriffsdefinition „Industrie 4.0"

Der Begriff Industrie 4.0 steht für die übergreifende Vernetzung im Rahmen des Wertschöpfungsprozesses über ein Datennetzwerk und deren eigenständige, intelligente Steuerung (Bauer, Schlund, Marrenbach et al. 2014, S. 11). Dies geschieht sowohl horizontal, also bezogen auf Lieferanten und Vertriebspartner, als auch vertikal, bezogen auf die die verschieden

Organisationseinheiten und Fertigungstiefen je nach Unternehmensaufbau (Koch, Kuge, Geissbauer, Schrauf, 2020, S. 8). Industrie 4.0 vernetzt informationstechnisch alle diese Elemente und steht aufgrund der marktumwälzenden Auswirkung für die 4. industrielle Revolution, die vollständige Integration und Vernetzung von Produktionsabläufen in einer digitalen Sprache (Feld, Doerr, Nientiedt, Köhler, 2016, S. 21).

Durch Industrie 4.0 sind darüber hinaus neue Geschäftsmodelle möglich, die auf Basis der Informationsbeschaffung und Verzahnung von Daten, neue, digitale Produkte hervorbringen (Leyh, Gäbel, 2017, S. 33). Diese Geschäftsmodelle haben disruptives Potential, bergen die Möglichkeit, dass gegenwärtige Marktverhältnisse gänzlich neu verteilt werden bzw. neue Märkte entstehen oder Produkte in bestehenden Märkten revolutionär neu ausgerichtet sind (Leyh, Gäbel, 2017, S. 33).

3.2 Abgrenzung gegenüber „Digitalisierung"

In Abgrenzung zum Begriff Industrie 4.0 steht Digitalisierung in Deutschland für den rein IT-gestützten Prozess der Datenverarbeitung von vorher manuellen oder analogen Abläufen und ist prozessfokussiert (Pistner, Sonnenberg, 2021, S. 1). Hierbei werden informationsverarbeitende IT-Systeme verwendet, die die Wertschöpfungsprozesse digital unterstützen oder gänzlich digital abbilden (Koch, Kuge, Geissbauer, Schrauf, 2020, S. 5). Digitalisierung ist daher die digitale Unterstützung von Arbeitsabläufen, hingegen nicht die die Schaffung neuer digitaler Produkte oder der intelligenten, übergreifenden und autarken Selbststeuerung über eine Kommunikationsinfrastruktur (Prof. Dr. Dreier, Prof. Dr. Merk, Prof. Seel, 2017, S. 7-9).

4. Wesentliche Bereiche der Industrie 4.0 in Deutschland

Industrie 4.0 hat je nach Land / Industriezweig eine andere, funktionale Ausrichtung (Leyh, Gäbel, 2017, S. 1). Um den Betrachtungshorizont dieser Arbeit im Kontext des Begriffes Industrie 4.0 greifbar zu machen, sollen im Folgenden die Sektoren vorgestellt werden, die in Deutschland primär im Zusammenhang mit Industrie 4.0 verknüpft werden:

Abb. 4: Die vier Sektoren von Industrie 4.0 in Deutschland

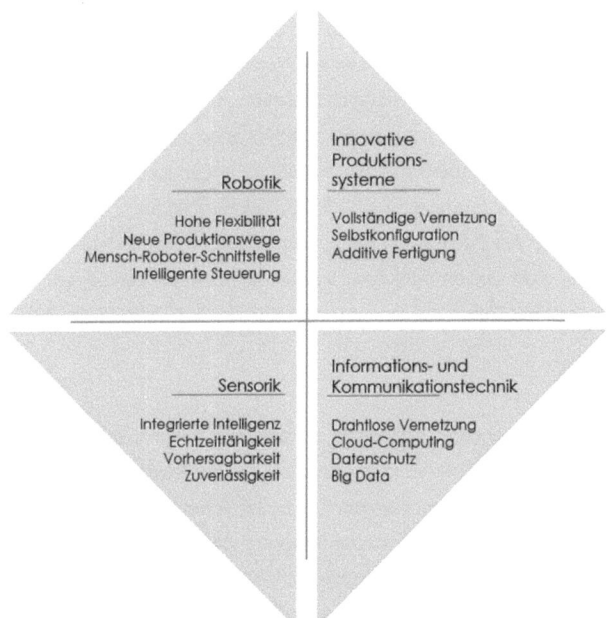

Quelle: Übernommen aus Wischmann, Wangler, Botthof, 2015, S. 29-34.

Wie aus der Abbildung ersichtlich wird, untergliedern sich die Industriesektoren im Wesentlichen nach Robotik, innovative, digitale Produktionssysteme, Sensorik sowie Informations- und Kommunikationstechnik, auf die im Folgenden etwas näher eingegangen werden soll.

4.1 Robotik

Deutschland war und bleibt bezüglich der Lohnkosten im internationalen Wettbewerb weiterhin unter Druck. Die Verwendung von Robotern hilft diese Kosten unter Kontrolle zu behalten und weiter zu optimieren. Die intelligente Vernetzung von Robotern und die Ausstattung von Robotern mit innovativen und autarken Wahrnehmungssystemen, hilft die weitere Einbindung von Robotersystemen in immer umfassendere Produktionsabläufe voranzutreiben (Beste, 2019, S. 1). Dies geschieht beispielsweise durch 360°-Kamerasysteme aber auch durch Berührungssensoren und intelligente Sprachsysteme. Ziel ist es, die Barriere zwischen Maschine und Mensch vollständig zu entfernen, also eine integrierte Interaktion an der Schnittstelle Mensch zu Maschine, so dass der Roboter völlig flexibel in Produktionsabläufen eingesetzt werden kann (Wee, Breunig, Kelly, Mathis, 2016, S. 15).

4.2 Innovative Produktionssysteme

Produktionssysteme mit vollständig integrierter Regelung und Optimierung ermöglichen es Produktionskosten zu reduzieren und flexibler auf Nachfrageänderungen zu reagieren. Beispielsweise, kann durch Informationsaustausch zwischen einzelnen Fertigungspositionen automatisiert eine Nacharbeitung von Bauteilen erfolgen oder die Temperatur je nach Fertigungsmaterial und Umgebungsbedingungen individuell angepasst werden, um Kosten zu senken (Feld, Doerr, Nientiedt, Köhler, 2016, S. 25). Additive Fertigung durch 3-D-Druck ermöglicht die Herstellung von Bauteilen in Serie, welche aufgrund von Geometrie oder Belastungsspezifika bisher nicht skaliert hergestellt werden konnten, sondern einen hohen, manuellen Fertigungsanteil benötigten (Wischmann, Wangler, Botthof, 2015, S. 29-34).

4.3 Sensorik

Eine neue Generation an Sensoren ermöglicht wirtschaftlich umsetzbar, neue Datengenerierung an Stellen mit geringen Abmessungen, hoher physischer Belastungen oder Temperaturen. Durch die Ausstattung von Maschinen mit diesen Sensoren kann hierdurch eine Unregelmäßigkeit bei der Anwendung einer Maschine frühzeitig identifiziert und damit Ausfallkosten reduziert werden (Feld, Doerr, Nientiedt, Köhler, 2016, S. 30). Messbare Datenpunkte, die Rückschlüsse auf einen zeitnahen Ausfall der Maschine werden kontinuierlich ausgewertet. Entsteht beispielsweise eine Unwucht auf einer Motorwelle oder eine ungewöhnliche Temperaturkurve im Rahmen eines Nutzungszyklus, wird die Maschine frühzeitig und geplant repariert, ohne längere Ausfallzeiten der Fertigungsstraße beispielsweise aufgrund fehlender Ersatzteile oder Techniker (Geissbauer, 2020, S. 21-26).

4.4 Informations- und Kommunikationstechnik

Infrastrukturelle Grundlage für alle vorangegangenen Sektoren ist eine integrierte und leistungsfähige Informations- und Kommunikationstechnik. In der logischen Konsequenz ist dieser Sektor ein erfolgskritischer für die erfolgreiche Implementierung von Industrie 4.0 (Wischmann, Wangler, Botthof, 2015, S. 17). Die Generierung neuer Datenpunkte und die Integration von Systemen führen zu neuen Anforderungen an die Reichweite und eine Übertragung nahe an Echtzeit, also ohne Verzögerung. Darüber hinaus führt die Einführung einer deutlich größeren Anzahl an Sensoren und die Vernetzung der Systeme zu einem deutlich höheren Datenvolumen (Polner et al. 2019, S. 1). In der Konsequenz gewinnt Cloud-Computing, also die Speicherung der Daten nicht auf lokalen Rechnern, sondern via Internet, auf Serveranlagen und flexiblen Nutzungsmodellen weltweit an Bedeutung (Geissbauer, 2020, S. 25).

5. Ableitung der Risiken durch Industrie 4.0 für die deutsche Wirtschaft

Nachdem wir nun die Begrifflichkeiten definiert, abgegrenzt und die wesentlichen Sektoren der Industrie 4.0 im Wissenschaftsraum Deutschland eingeordnet haben, stellt sich die Frage welche Risiken mit dieser industriellen Veränderung einhergehen.

5.1 Der Mangel an nachgefragten Fachkräften

Wie im vorherigen Kapitel festgestellt, erkennen die Unternehmen die Notwendigkeit der industriellen Revolution und investieren in diesem Bereich immer stärker bzw. wollen die Veränderung hin zu einer digitalen Organisation weiterhin beschleunigen. Sie scheitern aber laut einer repräsentativen Umfrage aus dem Jahr 2020 des Beratungsunternehmens McKinsey in erster Linie an der Beschaffung adäquat ausgebildeter Fachkräfte:

Abb. 5: Herausforderungen durch Industrie 4.0

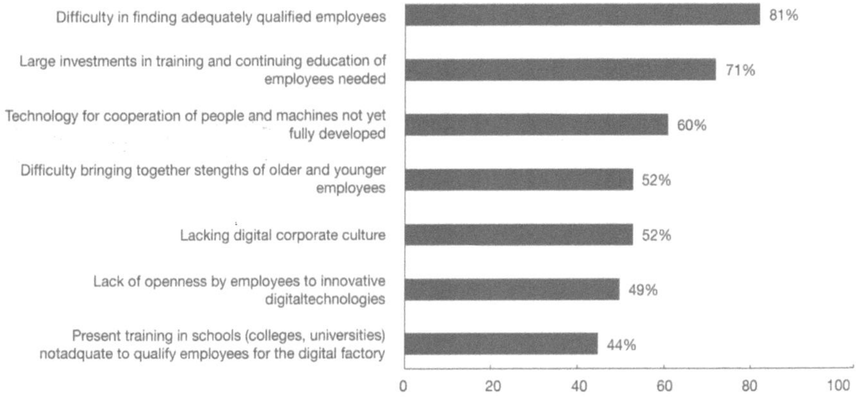

Quelle: Übernommen aus Geissbauer, 2020, S. 34.

Dies betrifft ausdrücklich nicht nur akademische Ausbildungsberufe, sondern beinhaltet insbesondere auch Mitarbeiter für den operativen Betrieb einer digitalen Produktion oder Produktentwicklung. Der von den Unternehmen titulierte Fachkräftemangel kann sich teilweise durch eine digitale, also autonome bzw. selbst steuernde Produktion kompensieren lassen, unter dem Strich bleibt allerdings die Bindung von adäquaten Fachkräften ein Risiko bei der Investition in digitale Produktions- und Entwicklungsstrukturen (Mischke, Eckart, Mattern, 2017, S. 7).

Dies wird durch den starken Rationalisierungsdruck auf repetitive Tätigkeiten ergänzt, hier werden ganze Tätigkeitsgruppen auf Dauer wegfallen, da digitale Produktionssysteme weitestgehend autark arbeiten können, so dass die Frage der weiteren Qualifikation entsteht (Polner, 2019, S. 1).

5.2 Investition in öffentliche Infrastruktur

Verknüpft man die Zahlen des Bruttoinlandsproduktes aus Kapitel 2 mit der Investitionsaktivität im Bereich Industrie 4.0 und vergleicht dies international, stellt sich folgende Situation dar:

Abb. 6: Investitionen in die Digitalisierung in % des Bruttoinlandproduktes

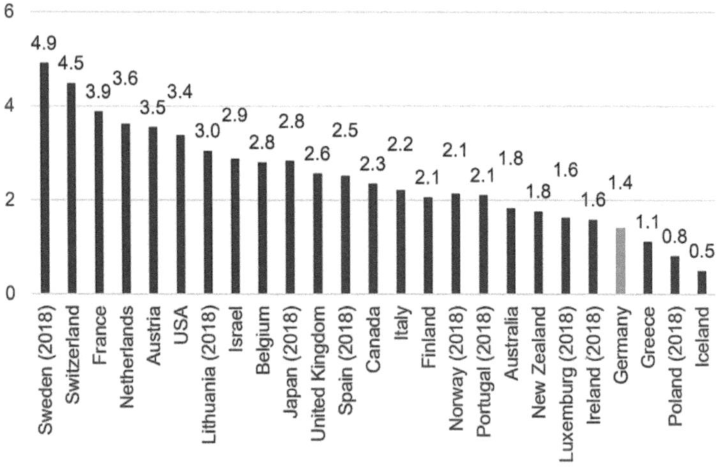

Quelle: Übernommen aus Zimmermann, 2021, S. 4.

Wie zu erkennen ist befindet sich Deutschland in dieser Betrachtungsdimension weit abgeschlagen, das Investitionsvolumen pro Jahr ist verhältnismäßig gering (Zimmermann, 2021, S. 4). Um die These auszuschließen, dass Deutschland bereits in der Vergangenheit stark in den Bereich Industrie 4.0 investiert und demnach die Investitionstätigkeit abgenommen hat, verbinden wir die Statistik mit einer weiteren Auswertung. McKinsey hat im Jahr 2021 ausgewertet wie viel Potential im Bereich Industrie 4.0 aus Sicht deutscher Unternehmen aufgrund der fehlenden, politischen Rahmenbedingungen noch nicht realisiert wurde:

Abb. 7: Bisher umgesetztes Digitalisierungspotential in Europa

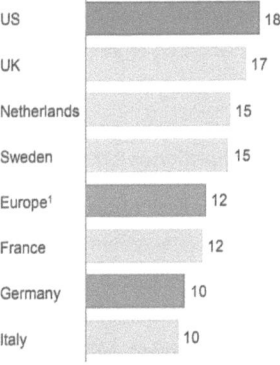

US	18
UK	17
Netherlands	15
Sweden	15
Europe[1]	12
France	12
Germany	10
Italy	10

Quelle: Übernommen aus Mischke, Eckart, Mattern, 2017, S. 15.

Die Auswertung zeigt, dass die Unternehmen durchaus mehr Potential für Maßnahmen im Zuge von Industrie 4.0 erkennen und das Digitalisierungspotential gegenwärtig aus Unternehmenssicht nicht ausgeschöpft wird (Mischke, Eckart, Mattern, 2017, S. 15). Es kann daher subsumiert werden, dass im internationalen Vergleich die geringe Investitionsaktivität ein Risiko darstellt.

5.3 Fehlende strategische Verknüpfung von Industrie und Politik

Die wirtschaftlichen Veränderungen von Industrie 4.0 stellen die Unternehmen in eine neue Form der Abhängigkeit gegenüber dem politischen Ordnungsrahmen (Schwarzer, 2018, S. 7).

Dies betrifft im speziellen
- die Bildungslandschaft für Industrie 4.0,
- die Digitalisierung des öffentlichen Sektors,
- infrastrukturelle Maßnahmen wie Internetverfügbarkeit und -geschwindigkeiten sowie Netzkapazitäten für Unternehmen (Feld, Doerr, Nientiedt, Köhler, 2016, S. 38-45),
- den rechtlichen Rahmen für einen neuen Wirtschaftsraum und damit verknüpfte Fragestellungen der Unternehmen (Schwarzer et al. 2018, S. 14-15).

Unternehmen in Deutschland sehen das unterdurchschnittliche Digitalisierungsbestreben der Politik als das größte, nicht durch sie beeinflussbare Risiko. Wesentliche Erfolgsfaktoren von Digitalisierung 4.0 bedingen eine Infrastrukturelle und politische Zusammenarbeit, die bisher unterdurchschnittlich ausgeprägt ist und die Wettbewerbsfähigkeit gefährdet (Geissbauer, 2020, S. 33).

6. Ableitung der Chancen durch Industrie 4.0 für die deutsche Wirtschaft

Wie in Kapitel 5.2 beschrieben sind Unternehmen dennoch bestrebt intensiv in den Bereich Industrie 4.0 zu investieren, welche Chancen ergeben sich demnach für diese Marktteilnehmer?

6.1 Industrie 4.0 als volkswirtschaftlicher Erfolgsfaktor

Industrie 4.0 wird als der Kerntreiber der technologischen Entwicklung und dem Wirtschaftswachstum in den Industrienationen bewertet (Zimmermann, 2021,S. 4). Die Industrien und Nationen, die sich mit neuen Geschäftsmodellen oder Produkten im Rahmen von Industrie 4.0 erfolgreich aufstellen können, werden in Zukunft dominierende Zuwachsraten und Marktmacht haben (Koch, Kuge, Geissbauer, Schrauf, 2020, S. 6).

Wie eingangs in dieser Arbeit thematisiert, hat Industrie 4.0 ein disruptives Potential, die dominierenden Marktteilnehmer je Industriezweig haben die Chance, durch Innovationen und Produktions- und Vertriebsoptimierungen Konkurrenten zu verdrängen oder gänzlich neue Märkte zu erobern (Wischmann, Wangler, Botthof, 2015, S. 31). Deutschland mit einer international sehr leistungsfähigen Wirtschaftskraft ist hier in einem strategischen Vorteil. Produkte und Vertriebsstrukturen funktionieren bereits erfolgreich, Wirtschaftsbeziehungen sind etabliert und die deutsche Wirtschaft ist durch eine Produktpalette mit Produktionsfokus im Vorteil gegenüber Volkswirtschaften, deren Bruttoinlandsprodukt beispielsweise von Dienstleistungen dominiert wird, wo Industrie 4.0 bisher verhältnismäßig geringe, strategische Vorteile bietet, abgesehen von Buchungs- und Vergleichsportalen, welche nicht klassisch zu Industrie 4.0 zählen (Koch, Kuge, Geissbauer, Schrauf et al. 2020, S. 12). Dennoch bieten sich durch Industrie 4.0 auch Chancen in Industriesektoren an, welche bisher in einem sehr geringen Grad digitalisiert wurden, wie in der folgenden Matrix des Beratungshauses McKinsey mit Daten aus Befragungen von 2020 ausgewertet:

Abb. 8: Digitalisierungsgrade differenziert nach Industriesektoren

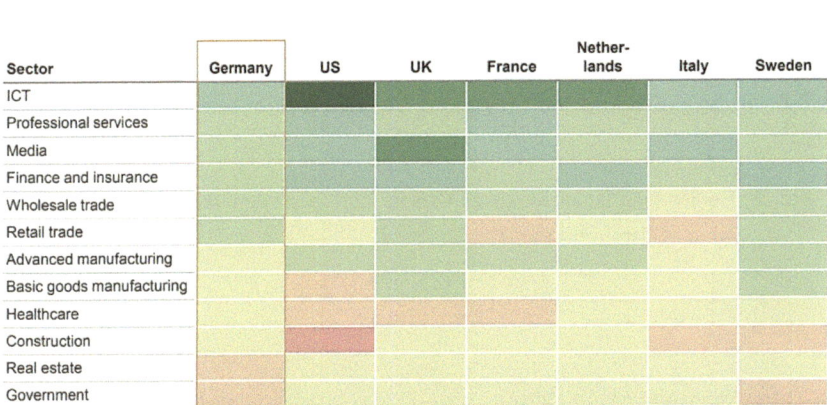

Quelle: Übernommen aus Mischke, Eckart, Mattern, 2017, S. 15.

Demnach sind insbesondere in der öffentlichen Verwaltung, dem Bereich Immobilienwirtschaft, der Baubranche und dem Bereich Gesundheitswesen die größten Chancen für Implementierung von Industrie 4.0 vorhanden, als in Industriezweigen, deren marktwirtschaftlicher Erfolg bisher nicht in einem intensiven, digital geprägten Wettbewerb stand (Mischke, Eckart, Mattern, 2017, S. 15).

6.2 Industrie 4.0 als Instrument zur Nachhaltigkeitserhöhung

Darüber Industrie 4.0 ermöglicht mithilfe von vernetzten Daten eine intelligente Produktion, also die Fähigkeit mit Echtzeitdaten aus dem Produktionsprozess Fehler zu erkennen, frühzeitig zu intervenieren und Nacharbeiten zu minimieren (Bauer, Schlund, Marrenbach, 2014, S. 24-28). Die Sensorik kann mithilfe hochauflösender Kameras oder der Identifikation von Vibrationsmustern mithilfe von Trägheitssensoren Daten erfassen und anhand selbstlernender Algorithmen aus Massendaten, in Englisch „Big Data", ableiten, ob ein technisches Problem vorliegt oder nicht (Dreier, Merk, Seel, 2017, S. 3-5). Auch wenn die Maschine bereits beim Endkunden ist wird eine solche Technik angewendet. Durch frühzeitiges Erkennen von abweichenden Ist-Werten, welche zu einem späteren Zeitpunkt den Ausfall des Gerätes mit sich bringen würden, kann das technische Problem präventiv in regulären Wartungszyklen behoben werden, ohne Rückführung der Maschine und der damit verbundenen, zusätzlichen Belastung der Umwelt (Beste, 2019, S.1).

6.3 Industrie 4.0 als Chance für den Mangel an Fachkräften - Upskilling

Produktivität greift aber auch an anderer Stelle, Digitalisierung ermöglicht es wiederholende Tätigkeiten im Produktionsprozess zu digitalisieren und somit den Produktionsfaktor Mensch für diese Tätigkeiten obsolet zu machen. Dies bietet im dedizierten Falle Deutschlands auch Chancen. Deutschland hat im internationalen Vergleich ein relativ geringes Renteneintrittsalter:

Abb. 9: Renteneintrittsalter Deutschlands im internationalen Vergleich

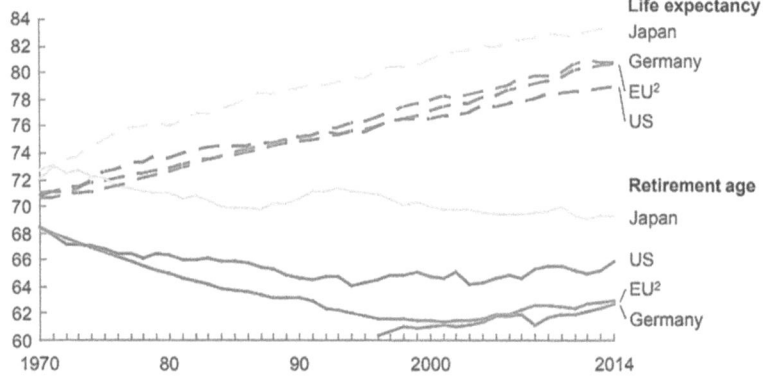

Growing dependency on a shrinking workforce

Effective retirement age and life expectancy[1]
Age (years)

Quelle: Übernommen aus Mischke, Eckart, Mattern, 2017, S. 7.

Verbunden mit einer insgesamt alternden Gesellschaft und einem Fachkräftemangel entwickelt sich die Ressource Fachkraft zu einem Wettbewerbsrisiko, was im Jahr 2022, durch die aufkeimende Wirtschaft nach den Corona-Lockdowns nochmals verschärft wurde (Brossard, 2022, S. 3).

Digitalisierung kann helfen hier lindernd zu wirken und einen Wettbewerbsnachteil durch fehlende Arbeitskräfte teilweise kompensieren.

Abb. 10: Digitalisierungsdruck differenziert nach Tätigkeitsbereich

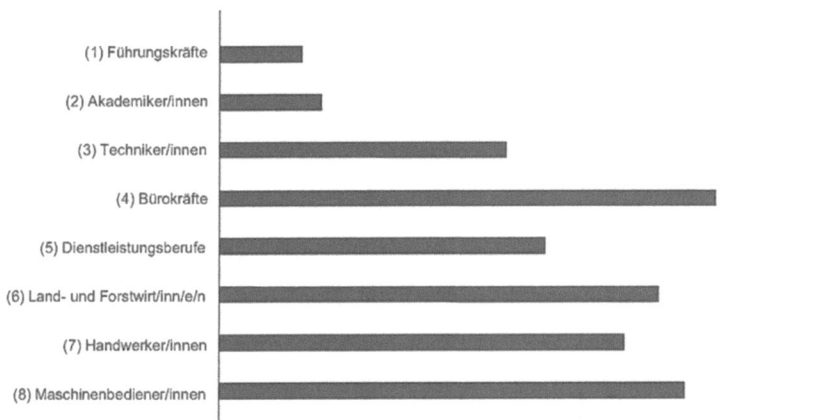

Quelle: Übernommen aus Nagl, Titelbach, Valkova, 2017, S. 19.

Aus der grafischen Auswertung wird erkennbar, Digitalisierung hat das Potential zur Substituierung primär bei Bürokräften mit über 80% und Maschinenbediener*innen, Land- und Forstwirt*innen sowie Hilfsarbeitskräfte mit nahezu 80%. Je komplexer allerdings die Anforderungen und die Variabilität der Tätigkeit, desto geringer die Anwendbarkeit von Digitalisierungsmethoden (Nagl, Titelbach, Valkova, 2017, S. 19-21).

Die digitale Transformation verändert das berufliche Umfeld: Die Nachfrage nach Routinearbeit wird zunehmend durch Nachfrage nach Wissensarbeit ersetzt, welche zum Schlüsselfaktor für zukünftiges Wachstum wird (Dreier, Merk, Seel, 2017, S. 7-8). Eine Auswertung von McKinsey aus dem Jahr 2018 knüpft an diese Erkenntnisse an und sieht die strategische Notwendigkeit der Transformation von Facharbeitern zu Wissensarbeitern und bezeichnet dies als sogenanntes „Upskilling" (Bitkom Digitalverbund Deutschland e.V. 2020, S. 8). Hierbei rücken neben den IT-Kompetenzen, Kenntnisse in der zwischenmenschlichen und sozialen Kompetenzen, den sogenannten Soft-Skills, in den Fokus (Bitkom Digitalverbund Deutschland e.V., 2020, S. 8).

In der Konsequenz eröffnen sich daher Chancen dem Fachkräftemangel zu begegnen indem repetitive Arbeiten durch Digitalisierung abgelöst werden, die Produktivität Mitarbeiter in neue Tätigkeitsfelder mit stärker variablen und wissensbasierenden Bereichen entwickelt und die Wettbewerbsfähigkeit der betroffenen Unternehmen gesteigert werden (Brossardt, 2022, S. 8). Dies wiederum erhöht die Wirtschaftsleistung der Volkswirtschaft und führt zu mehr Konsum (Mischke, Eckart, Mattern, 2017, S. 8) sowie einer gesteigerten Lebenserwartung und einem damit verknüpften, erhöhten Bedarf an medizinischen und pflegerischen Leistungen (Bitkom Digitalverbund Deutschland e.V., 2020, S. 6). Die gesteigerte Wirtschaftsleistung zieht katalytisch auch auf volkswirtschaftlicher Ebene Investitionssteigerungen, beispielsweise in Infrastrukturmaßnahmen, nach (Bitkom Digitalverbund Deutschland e.V., 2020, S. 6).

6.4 Industrie 4.0 als Chance zum Insourcing

Eine weitere Chance wenn über Industrie 4.0 gesprochen wird ist, dass Unternehmen dem Trend der vergangenen Jahrzehnte aktuell immer stärker widersprechen und sich entscheiden in Produktionskapazitäten innerhalb Deutschlands zu investieren oder aus dem Ausland zurück verlagern (Geissbauer, 2020, S. 12). Möglich ist dies zum einen aufgrund der produktivitätssteigernden Potentiale, die Industrie 4.0 mit sich bringt und zum anderen durch die transparent gewordenen Schwachstellen und gestiegenen Kosten der globalen Lieferketten im Zuge der Corona-Pandemie, so dass sich auch die Kostenfrage neu stellt (Beutnagel, 2022, S. 1). Einer Befragung deutscher Automobilunternehmen aus dem Jahr 2021 zufolge, durchgeführt von der IT-Beratung MHP in Kooperation mit der Ludwig-Maximilians-Universität München, gaben 40% der Unternehmen an, Fertigungsstufen in der Automobil Zulieferindustrie wieder nach Deutschland zurückführen zu wollen (Beutnagel, 2022, S. 1).

Im Rahmen einer internationalen Befragung der Beratungsgesellschaft McKinsey von Mai bis Juni im Jahr 2021 ergab sich ein noch deutlicheres Bild:

Abb. 11: Unternehmen expandieren verstärkt im Inland

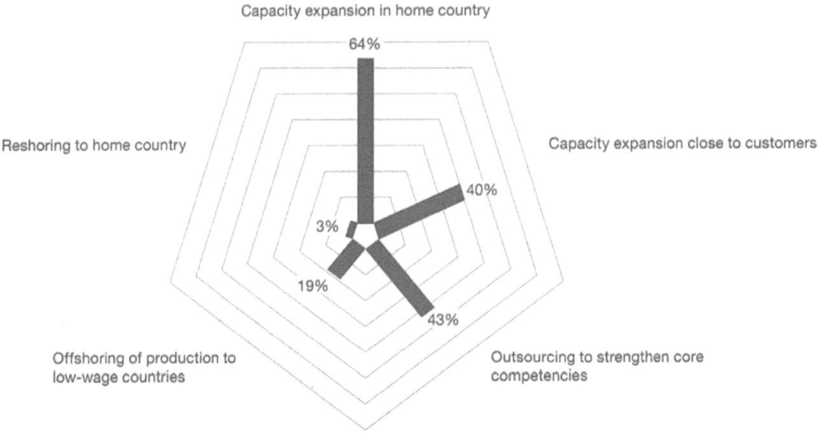

Quelle: Übernommen aus Geissbauer, 2020, S. 12.

Demnach gaben 3 % der befragten Unternehmen an Reshoring-Maßnahmen zu planen, also die Rückverlagerung bestehender Kapazitäten in das Heimatland, als Reaktion auf die in der Pandemie gemachten Erfahrungen. 40% gaben an in die geographische Nähe der Kunden zu investieren. Schlussendlich gaben 64% der befragten Unternehmen an, als Reaktion auf die Erfahrungen aus der Pandemie, Kapazitätserhöhungen im Heimatland zu tätigen, also Maßnahmen zum Insourcing zu beabsichtigen (Geissbauer, 2020, S. 12-13).

7. Fazit und Ausblick

Viele Elemente, die als Risiken eingeordnet werden können, ermöglichen auch Chancen und umgekehrt. Die Risiken sind zu einem großen Teil aktiv steuerbar und keinesfalls unkalkulierbare Faktoren. Wie zu Beginn von Kapitel 5 festgestellt, ist Deutschland in der chancenreichen Position die Implementierung von Industrie 4.0 aktiv mitgestalten zu können und sich aus einer Position der Stärke heraus in diesem neuen Umfeld zu positionieren. Wesentlicher Erfolgsfaktor hierfür ist das Bewusstsein für die Chancen, die sich durch Industrie 4.0 eröffnen können, die Entwicklung einer klaren Strategie und ein übergreifendes Denken in den Organisationseinheiten des jeweiligen Unternehmens.

Daran knüpft sich auch die Verantwortung der infrastrukturverantwortlichen Organisationen an, die regierungsbildende, politische Arbeit in Deutschland, um den Unternehmen in

Deutschland den konstruktiven, ordnungspolitischen Rahmen zu schaffen wettbewerbsfähig ebendiese Veränderung erfolgreich nach vorne zu entwickeln.

Es ist nicht die Frage ob, sondern wann sämtliche, größere Industriebereiche von Industrie 4.0 erfasst werden. Die Corona-Pandemie hat diese Erkenntnis in einer nicht zu erwartenden Dominanz beschleunigt. In der Konsequenz sind ein nach vorne gerichteter Blick und ein proaktiver Umgang mit Risiken sinnvoll. Wie können Risiken im Zuge der Revolution Industrie 4.0 vermieden werden, wie wird ein Risikoeintritt identifiziert, wie kann reaktiv damit umgegangen werden, sowohl aus unternehmerischer als auch gesamtdeutscher Sicht?

Hier knüpfen weitere Fragestellungen an: Mit welchen Instrumenten und Formaten können Länder und Kommunen sich strategisch mit der Frage des Investitionsbedarfes auseinandersetzen und sowohl präzise als auch wirtschaftlich darstellbar die Bedarfe der Unternehmen in einem dynamischen Marktumfeld bedienen? Wie können die Branchen, die vom Fachkräftemangel betroffen sind, den Wandel hin zu Industrie 4.0 vollziehen und dabei die eigenen Mitarbeiter mitnehmen? Wie kann der Arbeitsmarkt nachqualifiziert werden, um keine unnötige Arbeitslosigkeit durch Industrie 4.0 zu provozieren und hierdurch Wohlfahrt zu zerstören? Wie können Unternehmen hier eingebunden werden, um die Bedarfe bei den richtigen Institutionen in Regelkreisen platzieren zu können?

Digitalisierung hat die heutige Marktwirtschaft in vielen Bereichen bereits geprägt und es ist zu konstituieren, dass wir lediglich am Anfang dieses Pfades stehen. Die politische Gestaltungsfrage, wie Deutschland für Industrie 4.0 sinnvoll aufgerüstet werden kann darf nicht von Entwicklungen und Innovationen der digitalen Welt isoliert betrachtet werden, insbesondere in der Verknüpfung von Digitalisierung und Politik können sich neue Chancen ergeben und Unternehmen im Wettbewerb aufgerüstet werden. Industrie 4.0 hat hier das Potential uns volkswirtschaftlich positiv zu entwickeln, wenn die Politik als Akteur eingebunden wird und die eigene Verantwortung an dieser industriellen Revolution identifiziert und annimmt.

IV. Literaturverzeichnis

Bauer, W., Schlund, S., Marrenbach, D. (2014). Industrie 4.0 – Volkswirtschaftliches Potenzial für Deutschland. Das Fraunhofer-Institut für Arbeitswirtschaft und Organisation IAO.

Beauchamp, C. (2022). Die 10 größten Volkswirtschaften der Welt. https://www.ig.com/de/trading-strategien/10-groesste-volkswirtschaften-der-welt-190711

Beste, D. (2019). Die Industrie 4.0 benötigt sensible Roboter. https://www.springerprofessional.de/robotik/automatisierung/die-industrie-4-0-benoetigt-sensible-roboter/16512726

Beutnagel, W. (2022). Machtkämpfe und Bürokratie bremsen Digitalisierung. https://www.automobil-produktion.de/produktion/machtkaempfe-und-buerokratie-bremsen-digitalisierung-717.html

Bitkom Digitalverbund Deutschland e.V. (2020). Bitkom Digital Office Index 2020. Eine Studie zur Digitalisierung von Büro und Verwaltungsprozessen in deutschen Organisationen. https://www.bitkom.org/sites/default/files/2020 10/201012_studienbericht_doi 2020_v11_final 1.pdf

Brossardt, B. (2022). Zwischen Fachkräftemangel und struktureller Arbeitslosigkeit. VBW Bayern. https://www.vbw-bayern.de/Redaktion/Frei-zugaengliche-Medien/Abteilungen-GS/Bildung/2022/Downloads/Bi-0181-002_Position_Fachkr%C3%A4ftemangel-und-Arbeitslosigkeit_03-2022.pdf

Dreier, A., Merk, R., Seel, B. (2017). Digitalisierung und Industrie 4.0 – Herausforderungen für den Mittelstand. In Schriftenreiher der FHM Bielefeld, Ausgabe 8, FHM Bielefeld.

Feld, L., Doerr, A., Nientiedt, D, Köhler, E. (2016). Ordnungspolitische Herausforderungen der Digitalisierung. Konrad-Adenauer-Stiftung e.V.

Frick, T. W. (2014). Industrie 1.0 bis 4.0 – Industrie im Wandel der Zeit. https://industrie-wegweiser.de/von-industrie-1-0-bis-4-0-industrie-im-wandel-der-zeit/

Geissbauer, R. (2020). Digital Factories 2020 – Shaping the future of manufacturing. PricewaterhouseCoopers GmbH Wirtschaftsprüfungsgesellschaft (PwC) Publikationen.

Koch, V., Kuge, S., Geissbauer, R., Schrauf, S. (2014). Industrie 4.0 – Chancen und Heraus-forderung der vierten industriellen Revolution. https://www.strategyand.pwc.com/de/de/in-dustrie-teams/industrieguerter/industrie-4-0-chancen/industrie-4-0.pdf

Kruppa, C. (2020). Industrie 4.0 – Chance für Deutschland. https://bdi.eu/artikel/news/indust-rie-4-0-chance-fuer-deutschland/

Leyh, C., Gäbel, D. (2017). Industrie 4.0 Disruptive Geschäftsmodellinnovation oder „nur" Ge-schäftsprozessoptimierung? In Industrie 4.0 Management, Ausgabe 5. GITO mbH Verlag für Industrielle Informationstechnik und Organisation.

Mischke, J., Eckart, W., Mattern, F. (2017). Mc Kinsey Global Institute – Driving German Com-petitiveness in the digital future. https://www.mckinsey.com/~/media/McKinsey/Fea-tured%20Insights/Europe/Stimulating%20digital%20adoption%20in%20Germany/Driving-German-competitiveness-in-the-digital-future.pdf

Nadella, S. (2022). Digitalisierung. Die besten 30 Zitate und Sprüche. https://www.studi-hub.de/digitalisierung-die-besten-30-zitate-und-sprueche/

Nagl, W., Titelbach, G., Valkova, K. (2017). Digitalisierung der Arbeit: Substituierbarkeit von Berufen im Zuge der Automatisierung durch Industrie 4.0. Institut für Höhere Studien – Insti-tute for Advanced Studies (IHS).

Pistner, M., Sonnenberg, N. (2021). Industrie 4.0 und Digitalisierung. https://www.brightsolu-tions.de/blog/industrie-4-0-und-digitalisierung/#Digitalisierung

Polner, F. (2019). Industrie 4.0 Studie 2020: Zwischen Bereitschaft und Verantwortung. https://www2.deloitte.com/de/de/pages/innovation/contents/industrie-40-studie-bereit-fuer-den-wandel.html

Schwarzer, E. (2018). Das Dilemma der Politik in der digitalen Welt. In Digitalisierung im Span-nungsfeld von Politik, Wirtschaft, Wissenschaft und Recht – Band 1. Springer Verlag GmbH.

Statista Research Department (2022). Industrie 4.0 - Umfrage zur Bedeutung in Deutschland 2022. Statista. https://de.statista.com/statistik/daten/studie/830769/umfrage/bedeutung-von-industrie-40-in-deutschland/

Wee, D., Breunig, M., Kelly, R., Mathis, R. (2016). Industry 4.0 after the initial hype - Where manufacturers are finding value and how they can best capture it. McKinsey & Company.

Wischmann, S., Wangler, L., Botthof, A. (2015). Industrie 4.0 Volks- und betriebswirtschaftliche Faktoren für den Standort Deutschland. Bundesministerium für Wirtschaft und Energie (BMWi).

Zimmermann, V. (2021). Digitalisation in international comparison: Germany lags far behind in IT investment. In KfW Research Focus on Economics. Ausgabe 352.